Cómo Preparar un Área de Trabajo en Casa para un Niño con Autismo

Por: S. B. Linton
AutismClassroom.com

Primera Edición: Julio 2007

Tabla de Contenido

Capítulo 1

Introducción

El autismo es una discapacidad compleja que afecta a los individuos en las áreas de socialización, comunicación y comportamiento. Los "CDCs" ó Centers for Disease Control (Centros para el Control de Enfermedades en USA) enuncian esta información sobre el autismo de manera más específicamente:

"Los trastornos del espectro autista [TEAs (en inglés ASDs: Autism Spectrum Disorders)] son un grupo de discapacidades del desarrollo definido por alteraciones significativas en la interacción social y en la comunicación y por la presencia de comportamientos e intereses inusuales. Muchas personas con TEAs también tienen formas inusuales de aprender, prestar atención, o de reaccionar a diferentes sensaciones. Las capacidades de pensamiento y aprendizaje de las personas con TEAs pueden variar — Desde un talento a un grave impedimento. Los TEAs comienzan antes de los 3 años de edad y duran toda la vida de la persona. Ocurre en todos los grupos étnicos y socioeconómicos, y es cuatro veces más probable que ocurra en niños que en niñas".

El comportamiento, la comunicación y los problemas de aprendizaje a veces pueden hacer desafiante educar a un niño con autismo. Para algunos padres y cuidadores, a veces es difícil conseguir que su hijo complete deberes o tareas. Mientras que nuestro primer libro Cómo Preparar un Aula para Estudiantes con Autismo de AutismClassroom.com, proporciona estrategias para docentes y personal de la escuela, este libro Cómo Preparar un Área de Trabajo en Casa para un Niño con Autismo, tiene la intención de proporcionar a padres, familiares y trabajadores de asistencia domiciliaria, con algunas ideas y estrategias para la instrucción en la casa. Algunas de las estrategias son las mismas y algunas están diseñadas específicamente para el entorno doméstico. Como se indica en el libro Cómo Preparar un Aula para Estudiantes con Autismo, este libro es el paso inicial de un largo proceso de enseñanza y aprendizaje. Por favor, entienda que hay muchos otros temas que pueden ser analizados con relación al autismo y aún mucho más por aprender. Sin embargo, este libro pretende ponerle en el "punto cero" al crear un área de trabajo eficaz para su hijo. Todas las ideas no funcionarán para todo el mundo, pero por favor, tome lo que puede y utilice las estrategias que funcionen mejor para usted y su familia. Este es sólo un primer paso. Disfrute.

S. B. Linton

Capítulo 2

Comenzar

Reunir los elementos mencionados en el presente capítulo dependerá de qué tan detallada le gustaría que sea el área de trabajo de su niño. Por supuesto, usted puede crear un área de trabajo sin todos los elementos de esta página, sin embargo, aquí hay algunas ideas para comenzar. Cuando piense acerca de su instrucción en el hogar, es posible que primero desee reunir una variedad de materiales.

- 1 Caja de bolsitas de cremallera para sándwich.
- 1 Caja de bolsitas de cremallera para galón.
- Marcadores permanentes.
- Puntos Velcro™ (pre-cortados) o tiras Velcro™.
- Papel cartulina pesado o tablas de espuma.
- 2 encuadernadores de ½ pulgada o 2 fólderes de bolsillos.
- Separadores para los encuadernadores.
- Una perforadora de 3 huecos.
- Cinta adhesiva transparente.
- Cinta transparente para embalaje (para usar como laminador rápido) u hojas de laminación autoadhesiva.
- Un paquete de papel de 8 x 11 pulgadas.
- Tarjetas de índice blancas, pequeñas y grandes.
- Varios recipientes transparentes con sus cubiertas para almacenar juguetes y materiales de trabajo.

Los siguientes muebles e ideas para el salón también pueden ser útiles:

- Un escritorio o mesa a la medida del niño.
- Silla con tamaño apropiado (no tan grande o no tan pequeña).
- Un archivador o estante para libros o un recipiente grande.
- Un lugar silencioso sin distracciones

Capítulo 3

Los Horarios

Hay muchos tipos de horarios que pueden ser utilizados en niños con autismo. Es importante comprender la utilidad de los horarios y cómo pueden ayudar a lograr que al proceso de completar deberes para que el trabajo sea más fácil para un individuo con autismo. De hecho, los horarios nos ayudan en el proceso de completar tareas a todos, ya que muchos de nosotros utilizamos listas de comprobación, hora programada para almorzar en el trabajo, listas de tareas pendientes, días libres programados, y más para ayudarnos a realizar nuestra jornada de trabajo. Los horarios ayudan a realizar la rutina más predecible y manejable para la mayoría de las personas con autismo. Las siguientes páginas mencionan algunos tipos de horarios.

Horarios Individuales

Los horarios individuales o personales pueden adoptar muchas formas. Son necesarios para ayudar a la gente a organizar y aprender rutinas. Además, pueden ayudar a algunos niños a tolerar los cambios de rutina. Los horarios individuales o personales construyen previsibilidad en la vida de los niños con autismo y pueden aliviar de estrés a otros niños con autismo al darles una idea de qué esperar. Muchos niños empezarán a desarrollar habilidades independientes para vigilar sus actividades diarias a través del uso de horarios.

Por favor comprenda que estos horarios pueden llevar algún tiempo para ser desarrollados. En primer lugar tendrá que ver varios tipos de horarios para conocer qué tipo le gusta o que tipo siente que será apropiado para su hijo. Intente proporcionarse ejemplos visuales de horarios mediante una búsqueda de imagen en el internet con las palabras "horarios visuales autismo".

Una similitud clave en todos los horarios individuales es que todos ellos tienen un componente de terminado, en el cual el niño es el símbolo de una actividad que se ha completado. Como mi mentor me aconsejó una vez, a los estudiantes *se les debe enseñar cómo* utilizar sus horarios. Ellos pueden requerir indicación de más a menos (proporcione ayuda, luego disminúyala) y orientación física por un tiempo. Independientemente del incitador, los horarios individuales o personales se hacen para adaptarse a las necesidades y capacidades específicas del niño y estos horarios utilizarían objetos reales, imágenes, íconos o palabras en función con lo que el niño pueda relacionarse mejor.

Elaboración de Horarios

Para hacer los horarios, las personas utilizan una variedad de métodos y estilos hasta encontrar uno que funcione para el niño. La forma más sencilla de empezar es laminar una hoja de papel o una carpeta. Luego, utilice Velcro™ para asegurar las imágenes. Asegúrese de mantener el Velcro consistente (Ej.: siempre pegue el lado "suave" sobre el ítem que permanece fijo y use la cara rugosa para los ítems que se retiran de la programación o viceversa). El tablero de espuma es otro gran material para utilizar en los horarios porque ya está fuerte y listo para su uso inmediato. Se puede encontrar en cualquier tienda de suministros para oficina o tienda de manualidades.

Una plantilla para carpeta de horario. La actividad actual va en la caja de la derecha. Las actividades siguientes se alinean en la caja de la izquierda. Los artículos terminados son colocados en una bolsa en la parte inferior o en el interior de la carpeta.

Una plantilla para horario de tareas. Los íconos de imagen se colocan en el orden en que se realizarán las tareas (dentro de los cuadros). Asegúrese de incluir un ícono de imagen de la recompensa o el elemento que recibirá el niño al completar el trabajo.

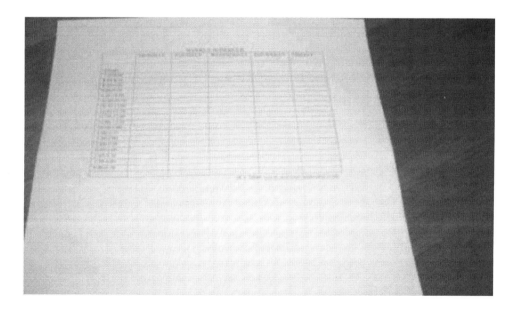

Una plantilla para horario semanal. Este horario ayudará a los adultos a mostrar las actividades previstas para la semana.

Un horario de imagen colgante/montado. (Los Símbolos de la foto son del software Boardmaker Mayer-Johnson.) El bolsillo en la parte inferior es para las actividades que se completen.

Horarios de Tarea

Los horarios de tarea, también llamados mini-horarios de tarea (Hodgdon, 1995) podrían ser considerados como instrucciones. Ayudan a "romper" visualmente una tarea o actividad. Los horarios de tareas muestran al niño lo que ocurrirá en el contexto de una lección estructurada o una actividad, similar a instrucciones. Los horarios de tarea también pueden ayudar a los niños a realizar tareas sin el uso de un incitador verbal del adulto. Esto puede aumentar la independencia. Son utilizados para dar a los niños una señal visual de lo que se espera. Los horarios de tarea son útiles durante todo el día. Ellos también deben ser creados según el nivel de la capacidad del niño y toman tiempo para crearse. Para empezar, es posible que desee crear horarios de tarea para las actividades de rutina que tiene con frecuencia, tales como lavado de manos, limpieza de una habitación, momento de juego y de trabajo. El horario de tarea puede ser hecho usando un tablero resistente, como tablero de espuma o cartulina y puede tener íconos desprendibles, fotos u objetos. Si se trata de una actividad que ocurre con poca frecuencia, a veces es más fácil hacer un horario rápido de tarea en un pedazo de papel o una tarjeta de índice.

Cómo Preparar un Área de Trabajo en Casa para un Niño con Autismo

Horario de Tarea para que un niño se vista luego de una clase de natación…

Horario de Tarea para que un niño complete una labor…

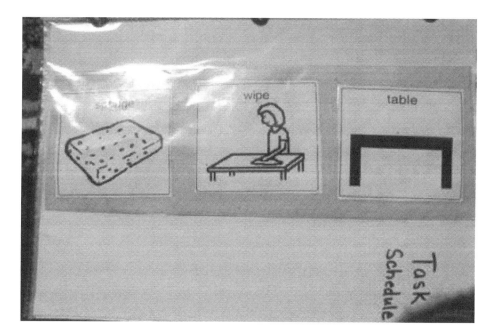

Horario de Tarea para limpiar luego de realizar una actividad…

Horarios de Trabajo Auto-Monitoreado

Los horarios de trabajo auto-monitoreado ayudan a los niños a administrar su tiempo. Basado en la metodología TEACCH [(del inglés: Treatment and Education of Autistic and related Communication-Handicapped Children (tratamiento y educación de lo autístico y lo relacionado con niños discapacitados en comunicación)], se utilizan para promover la realización de tareas independientes y disminuir la necesidad de la intervención adulta. Estos tipos de horarios le dicen al niño exactamente qué actividad laboral se requiere de ellos durante la sesión de trabajo independiente/trabajo auto-monitoreado, hasta que punto son responsables de completar y cuando serán terminados. Los horarios de trabajo auto-monitoreado se pueden crear de muchas maneras diferentes. Algunas personas usan un encuadernador y fundas de plásticos para mostrar las tareas, mientras que otras utilizan una carpeta con las tareas montadas al frente. Estos horarios visuales deben garantizar mostrar los recesos durante la sesión de trabajo auto-monitoreado. Los horarios de trabajo auto-monitoreados deben incluir un componente de terminado para que los niños puedan indicar cuando su trabajo es completo. El libro Activity Schedules for Children with Autism (Horarios de Actividad para Niños con Autismo) por McClannahan & Krantz (1998) ofrece muchos ejemplos buenos y estrategias detalladas para la creación de horarios de trabajo o de actividad.

Rompa los Horarios (cuando sea necesario)

Estos horarios le dan al niño un incitador visual de cuando se producirán sus refuerzos, el elemento preferido o el receso. Esto puede ser útil para un niño que tiene plan de intervención conductual y necesita que se le recuerde que su refuerzo se aproxima. El soporte visual es útil para muchas personas.

Capítulo 4

Recolección de Datos & Medida del Progreso

La recopilación de datos es una herramienta importante para medir el progreso hacia los objetivos. También le puede dejar saber si su método de enseñanza o de la intervención es efectivo o no. A menudo, es más eficaz disponer de los datos tomados en el lugar o actividad donde se lleva a cabo la tarea. Esto hace más fácil registrar datos precisos y fiables. Si opta por crear uno, un sistema de recolección de datos podría ser de gran beneficio. La siguiente tabla detalla algunos tipos de diferentes datos.

Tipos de dato

Frecuencia- número de veces que ocurre la conducta.

Duración- Cantidad de tiempo que ocurre la conducta.

Latencia- Cantidad de tiempo entre el inicio de la oportunidad y la conducta.

Porcentaje- Número de ocurrencias entre la cantidad de oportunidades.

Intensidad- Fuerza física o magnitud de respuesta

Tiempo Muestra- Periodo de observación dividido en intervalos.

Producto Permanente – Conteo de la conducta al observar el producto.

Intervalo registro- Registro de conducta en intervalos.

Las hojas de datos son necesarias para registrar los datos. Hay varios tipos de hojas de datos que pueden ser utilizadas para un determinado objetivo. Será importante encontrar diversos tipos de hojas de datos para que los datos puedan ser registrados con exactitud. Por ejemplo, si desea registrar la frecuencia de las conductas agresivas de un niño, usted puede utilizar una hoja de datos que sólo le permita trazar marcas de conteo. Las marcas de conteo le mostrarán cuántas veces al día está ocurriendo ese comportamiento. Para llevar esta idea de recolección de datos un poco más allá, si usted quisiera saber los tiempos en que el comportamiento agresivo está sucediendo, es posible que desee utilizar una hoja de datos que le permita usar marcas de conteo en un periodo de tiempo específico. Por lo tanto, su hoja de datos debería ser más detallada. Ejemplos a continuación:

Conducta Blanco: Golpear

///// ///// //

Total en la mañana= 12

	Golpear	Lanzar	Morder	Intentos de morder
8:30	///	////		//
9:00	//	/////		//
9:30	///	/////	/	//
10:00	////	///		/
Total en la mañana	12	17	1	7

Si usted está tratando de registrar el progreso de una tarea en la que el niño va a hacer algo así como coincidir, identificar, imitar o etiquetar para producir una respuesta correcta, es posible que desee utilizar una hoja de datos que le permita registrar varias pruebas de la misma tarea. Este tipo de hoja de datos le permitirá:

1. Etiquetar los ítems individuales en los que el niño se está concentrando.
2. Registrar la respuesta del niño para cada prueba.

Los siguientes son ejemplos de hojas de datos utilizados para este propósito:

El niño señalará el ítem correcto cuando se le dé la etiqueta. ITEM: "ZAPATO"

FECHA	Prueba 1	Prueba 2	Prueba 3	Prueba 4	Prueba 5	%
5/1						
5/2						
5/3						
5/4						
5/5						

Si escoge usar una hoja de datos como esta, es posible que desee tener una hoja de datos para cada ítem que el niño coincide, identifica, imita o etiqueta. Tener una hoja de datos por separado se hace para que se sepa exactamente cuáles son los ítems en los que el niño está progresando. Sin embargo, si usted prefiere otro método, la siguiente hoja de datos muestra cómo debería resaltar en la hoja de datos los ítems específicos en los que el niño se centra.

Objetivo: El niño señalará el ítem correcto, cuando se le dé la etiqueta.

	Prueba 1	Prueba 2	Prueba 3	Prueba 4	Prueba 5	Total %
Zapato	+	-	-	-	-	20%
Bola	-	+	-	-	+	40%
Galleta	-	+	+	+	+	80%
Abrigo	-	-	+	-	-	0%
Crayola	-	-	+	+	+	60%

A menudo, es útil tener en una página varios ítems en los que el niño se centra. Esto ahorra tiempo y energía cuando se está trabajando en una tarea similar, pero utilizando diferentes elementos. Por ejemplo, si se supone que el niño identifique colores, es posible que desee una hoja de datos que permita seguir los progresos de su hijo para tres colores en una página. Un ejemplo que me fue mostrado por un mentor es el siguiente:

Objetivo: El niño identificará los colores primarios.

ÍTEM: "Identificar el ROJO"

5/1	5/2	5/3	5/4	5/5																	
+	-	-	+	-																	
-	-	-	-	-																	
+	-	-	+	+																	
-	-	+	+	+																	
+	-	+	+	+																	
3/5	0/5	2/5	4/5	3/5																	

ÍTEM: "Identificar el AZUL"

5/1	5/2	5/3	5/4	5/5																	
-	-	-	+	-																	
-	-	-	-	+																	
-	-	-	+	+																	
-	-	+	+	+																	
-	-	+	+	+																	
0/5	0/5	2/5	4/5	4/5																	

ÍTEM: "Identificar el AMARILLO"

5/1	5/2	5/3	5/4	5/5																	
+	-	+	+	+																	
+	-	+	+	+																	
+	-	-	+	+																	
+	-	+	+	+																	
+	-	+	+	+																	
5/5	0/5	4/5	5/5	5/5																	

Otro tipo de hoja de datos que es extremadamente útil para graficar el progreso, es una hoja de datos para análisis de tareas. Este tipo de hoja de datos incluye todos los pasos en un análisis de tarea y registra el progreso del niño en cada paso. Un ejemplo concreto sería una tarea de lavarse las manos. Durante la tarea del lavado de manos, hay varios pasos que el niño debe completar. La hoja de datos para esta tarea sería el registro de qué tan bien él o ella realiza estos pasos. Además, este tipo de hoja de datos muestra que tipo de incitador recibió el niño.

Cómo Preparar un Área de Trabajo en Casa para un Niño con Autismo

	5/1	5/2	5/3	5/4	5/5			
Abrir el grifo	F	F	F	F	F			
Conseguir Jabón	F	F	F	F	F			
Correr el agua sobre las manos	F	F	F	F	F			
Frotar el jabón	F	F	F	F	G			
Poner el jabón aparte	G	G	G	G	I			
Enjuagar las manos bajo el agua	F	F	F	F	F			
Cerrar el grifo	F	F	F	F	F			
Conseguir papel toalla	G	G	G	G	V			
Secar las manos	F	F	F	F	F			
Botar el papel en cesto de la basura	F	F	G	G	I			

Incitadores Necesarios
I= El niño completó la tarea independientemente.
V= El niño necesitó de un recordatorio verbal para completar la tarea
G= El niño necesitó de un gesto o modelo por parte del adulto para completar la tarea
F= Asistencia física fue necesaria para completar la tarea.

Registro de Datos…

Cada vez que registra datos o crea una hoja de datos, deseará incluir la clave. La clave le indicará cómo registrar los datos. En algunos casos, es posible que sólo desee saber si el niño estaba en lo correcto o incorrecto. En otros casos, es posible que desee conocer el nivel de indicación que el niño recibió para completar la tarea. En cualquier caso, siempre incluya la clave en cualquier hoja de datos que esté utilizando.

CLAVE
I= el niño complete la tarea independientemente.
V=El niño necesito de un recordatorio verbal para terminar la tarea.
G= El niño necesitó de un gesto o modelo por parte del adulto para completar la tarea.
F=Asistencia física fue necesaria para completar la tarea.

CLAVE
+ = correcto
- = incorrecto

NR = no respuesta

Las hojas de datos de producto permanente son hojas de datos en la que la producción real de la tarea del niño está allí en el papel. Este tipo de hoja de datos o "muestra de trabajo" le permite ver en realidad lo que puede producir el niño. Las hojas de datos de producto permanente pueden ser útiles para documentar las cosas como habilidades de escritura, rastreo y colorear. Si el objetivo del niño es colorear dentro de un círculo 4 de cada 5 veces, podría crear una hoja de datos que tenga 5 círculos y hacer que su hijo los coloree por dentro. En la medida que complete la tarea usted escribe directamente en el papel el nivel del incitador que su hijo necesitó para completar la tarea. A continuación un ejemplo de la hoja de datos:

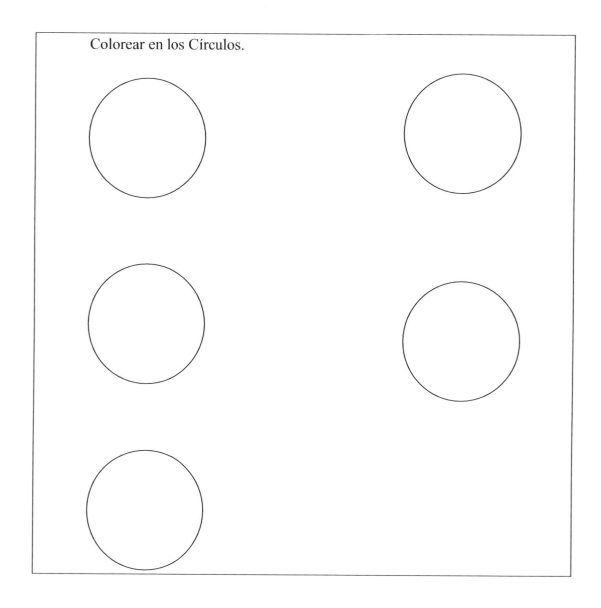

Colorear en los Círculos.

Como usted puede ver, incluso en estos pocos ejemplos, hay muchas maneras de crear hojas de datos. Usted necesitará crear y utilizar hojas de datos que sean importantes para usted, ya que usted será la persona que interpretará los datos. Las hojas de datos le ayudan a mostrarle exactamente en qué habilidades centrarse durante sus clases.

Cosas a Considerar Cuando se Crean Sistemas de Datos:

- Recuerde que este proceso tomará algún tiempo.

- Saque suficientes copias en blanco de cada hoja de datos antes de comenzar.

- Primero necesitará obtener una copia del PEI de su hijo o de sus metas y objetivos personales.

- Es útil un encuadernador individualizado o una carpeta que contenga las hojas de datos del niño.

- Use divisores de página para separar las metas y objetivos en categorías en los encuadernadores o fólderes. (Por ejemplo, habilidades de imitación, habilidades de la motricidad fina, habilidades de matemáticas, vocabulario, conceptos básicos, etc.).

- Discuta la recopilación de datos como un equipo. Asegúrese de que todos los miembros de la familia o cuidadores que trabajan con su hijo, saben cómo registrar los datos con precisión y que utilizan las mismas claves y símbolos. También, asegúrese de que utilizan la misma dirección verbal cuando le pidan al niño que realice una tarea.

- Escriba en la hoja de datos exactamente lo que se le debería decir al niño para que realice una tarea. Utilice lenguaje simple.

- Recuerde que a menudo los datos son más precisos cuando son tomados en el área en donde la actividad/tarea es realizada. Esto es para que usted pueda registrarlos inmediatamente.

Ejemplos en blanco de hojas de datos se presentan en las siguientes páginas:

Habilidad Sobre la Cual Trabajar:
Instrucción/Palabras a Utilizar:

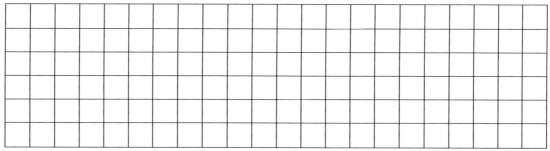

Habilidad Sobre la Cual Trabajar:
Instrucción/Palabras a Utilizar:

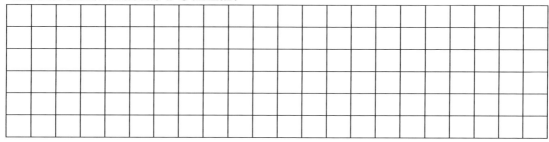

Habilidad Sobre la Cual Trabajar:
Instrucción/Palabras a Utilizar:

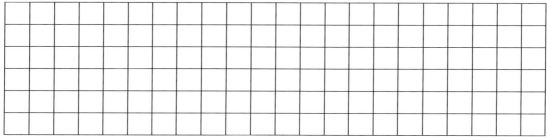

Clave:
+ = correcto   I= independiente   V=verbal   G=gesto   FP=físico parcial   FT=físico total
- = incorrecto

Habilidad Sobre la Cual Trabajar:
Instrucción/Palabras a Utilizar:

Lista de Pasos o Ítems Individuales Abajo								

Clave:
+ = correcto   I= independiente   V=verbal   G=gesto   FP=físico parcial   FT=físico total
- = incorrecto

Cuadro de la Frecuencia de los datos

Conducta_____

Total Diario_____

Conducta_____

Total Diario_____

Conducta_____

Total Diario_____

Conducta_____

Total Diario_____

Conducta_____

Total Diario_____

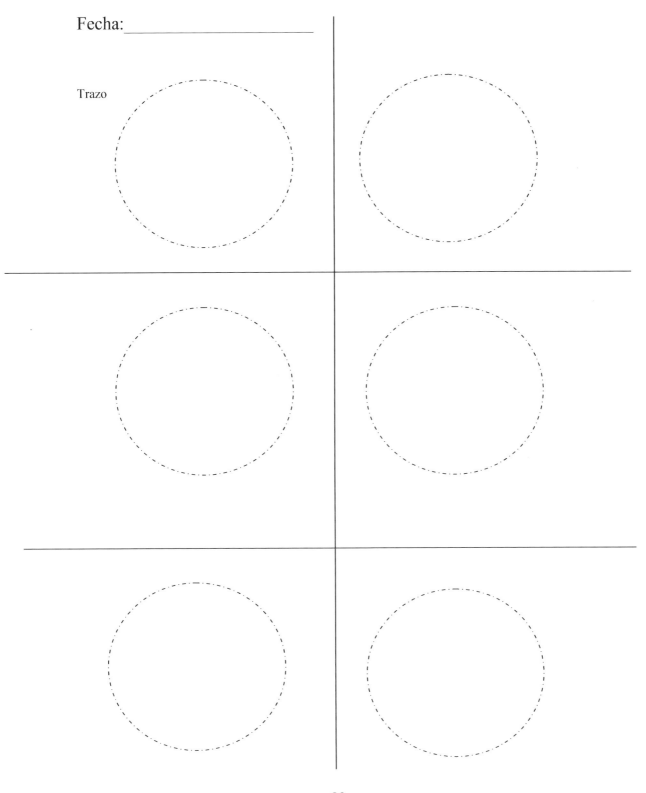

Cómo Preparar un Área de Trabajo en Casa para un Niño con Autismo

Fecha:_____

Trazo

Cómo Preparar un Área de Trabajo en Casa para un Niño con Autismo

Trazo.

Trazo.

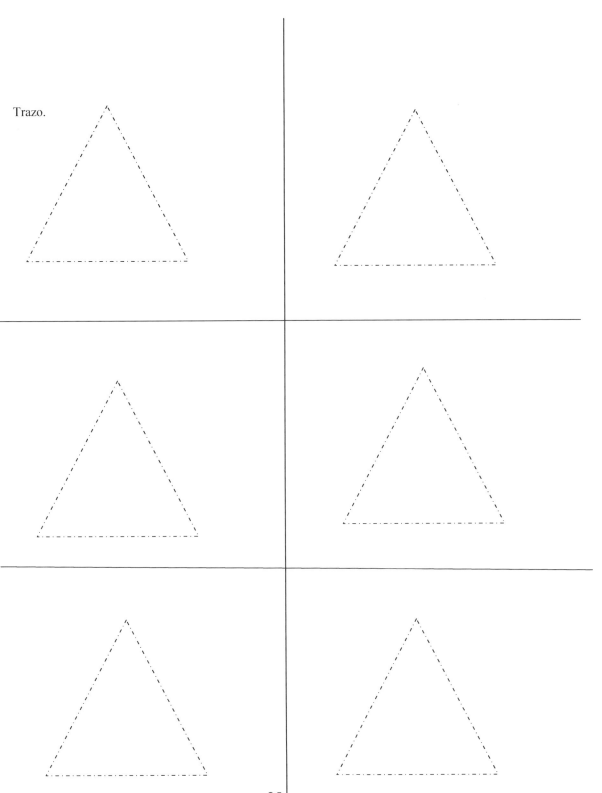

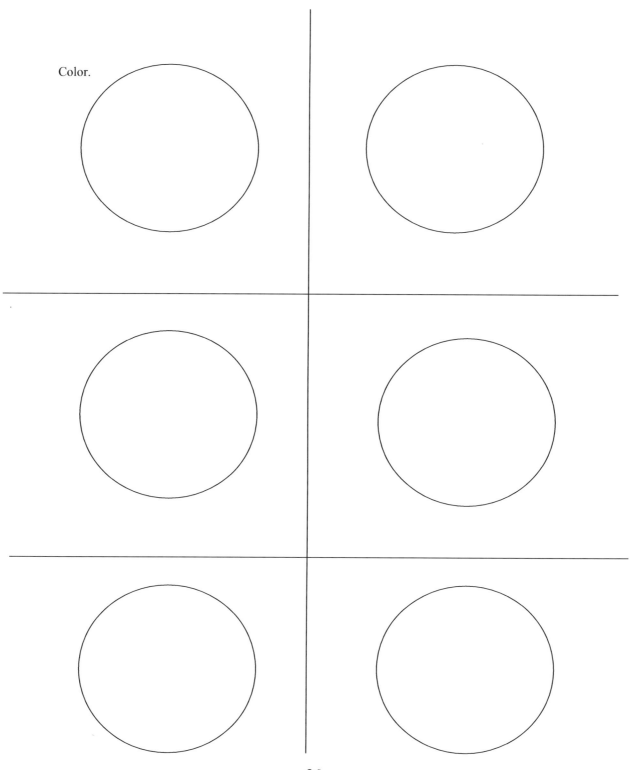

Color.

Color.

Color.

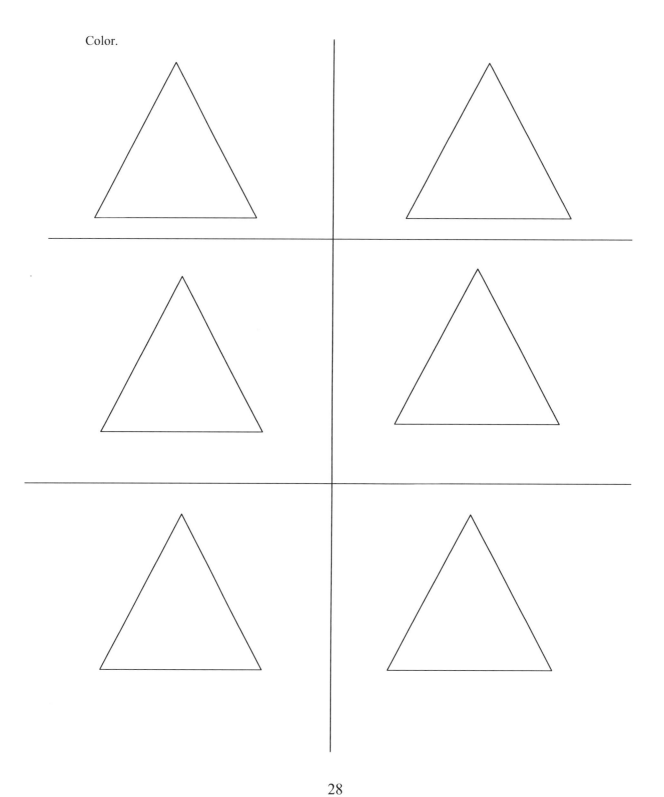

Esta página le permite escribir cualquier línea, letra, forma, etc. y haga que su hijo imite o copie en el cuadro de abajo.

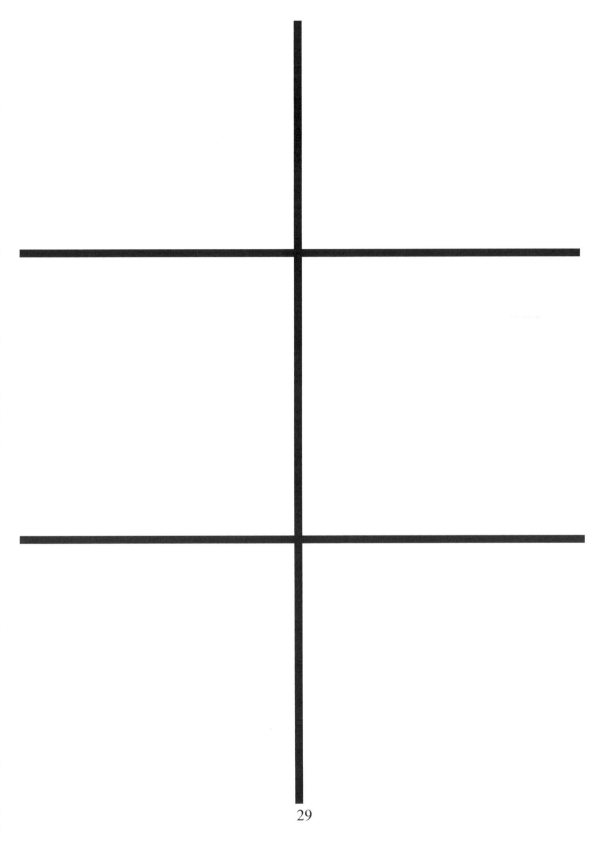

Cómo Preparar un Área de Trabajo en Casa para un Niño con Autismo

Una sugerencia para enseñar los pasos de la secuencia para dibujar una línea horizontal…

Dibujar una línea vertical.

Dibujar una línea vertical.

Trazo de líneas.

Dibuje una línea en la etiqueta o el caramelo. (Padres, coloquen en el círculo inferior las etiquetas favoritas de su hijo o caramelos pequeños o cereal).

●   ●   ●   ●   ●

●   ●   ●   ●   ●

Capítulo 5

Tareas Auto-supervisadas

Por supuesto que hay muchas maneras diferentes de realizar cualquier tarea dada. Discutiremos algunas formas para realizar tareas con la independencia de su hijo en mente. El objetivo para estas tareas en particular es conseguir que lo hagan por su cuenta. Sé que puede sonar como una tarea difícil para algunos, pero también podríamos empezar ahora. A menudo escucho decir a los maestros en las aulas en donde trabajo "Oh, él no puede trabajar en eso de forma independiente". Mi respuesta es la misma cada vez, "¡Todavía no!"

La idea detrás de las tareas auto-supervisadas es que durante estas tareas, el niño trabaje en tareas estructuradas por sí mismo (eventualmente) de principio a fin. Ellos pueden necesitar mucha orientación de parte suya al principio. Esta actividad tiende a ser más beneficiosa si el niño tiene su propio escritorio o espacio de trabajo y su propio conjunto de materiales. La elaboración de materiales para esta área puede llevar algún tiempo. Estas tareas específicas deben ser tareas en las que el niño ya es experto al realizar. El objetivo es obtener de él o ella trabaje durante un período de tiempo prolongado, no que aprenda una nueva habilidad. Las tareas deben estar *relacionadas* con los objetivos que está trabajando en Las Tareas Dirigidas por Adulto de la página 40 y deben ser fácil de ver, fácil de entender y fácil de completar, sin la ayuda del adulto. Normalmente, las tareas deben establecerse para que se completen en secuencia de izquierda a derecha o de arriba hacia abajo (www.TEACCH.com). Después de completar las tareas, el niño va a necesitar un lugar para almacenar su trabajo terminado. Esto tiende a ser un lugar a la derecha del niño, como una caja vacía o un recipiente, para simbolizar que la tarea ha terminado. El Programa TEACCH de la Universidad de North Carolina, utiliza plantillas (tareas de trabajo estructurado) para la enseñanza de habilidades de trabajo independiente. Algunos ejemplos muy buenos de estas tareas pueden ser encontrados en AutismClassroom.com, en la página de los Padres bajo el título de "Self-monitored Work Task" (Tareas Auto-supervisadas).

Los horarios de trabajo auto-supervisados son ideales para su uso en este contexto. Será necesario un símbolo visual tal como una foto, un objeto o un ícono de imagen, para decirle al niño en que tarea trabajar a continuación. La imagen, objeto o foto, se puede colocar en una pieza de papel laminado o en una carpeta con fundas de plástico. Cada página puede contener la descripción de lo que se debe hacer.

Las tareas auto-supervisadas por lo general se presentan en una forma que le responde al niño las siguientes cuatro preguntas (http://www.specialed.us/autism/structure/str12.htm):

1. ¿Cuál es el trabajo a realizar?   2. ¿Cuánto hay que realizar?
3. ¿Cuándo termino?   4. ¿Qué sigue después?

Consejos para Tareas Auto-supervisadas

- Recuerde, estas tareas serán sumamente prácticas para las actividades encaminadas a que el niño aprenda a ser productivo e independiente. Ellas serán diferentes a las lecciones dirigidas por adultos que enseñan nuevos conceptos. Estas tareas reforzarán conceptos conocidos.

- Recopile diversos contenedores de diferentes tamaños con sus tapas. Cajas vacías o cajas corrugadas funcionan bastante bien.

- Velcro ™ funciona bien para mantener los materiales encallados.

- Visite la tienda del dólar para adquirir los materiales para elaborar la tarea.

- Los recipientes grandes pueden ayudar a guardar los trabajos de su niño.

- Las fotos o íconos de las tareas pueden ayudar a mostrar que trabajo completar.

- Utilice un ícono para mostrar "terminado" o para "reforzar" cuando ellos terminan.

- Comience haciendo que el niño complete una tarea pequeña, luego proporciónele un ítem de refuerzo o un juguete. Agregue más tareas gradualmente.

- Tasks Galore (Tareas Galore), por Laurie Eckenrode, Pat Fennell, y Kathy Hearsey, es un libro de principio a fin lleno de ideas e imágenes de trabajos auto-supervisados.

- Proporcione sólo indicaciones físicas, comentarios no verbales para que completen las tareas, ya que el objetivo es conseguir que completen la tarea sin el aliento verbal de los adultos. Disminuya gradualmente la indicación física con el paso del tiempo (McClannahan &. Krantz , 1998). El libro de The Activity Schedules (Horarios de Actividades) por McClannahan &. Krantz, proporciona más información sobre el tema de la auto-supervisión de tareas.

Algunos Ejemplos de Imágenes de Tareas Auto-Supervisadas

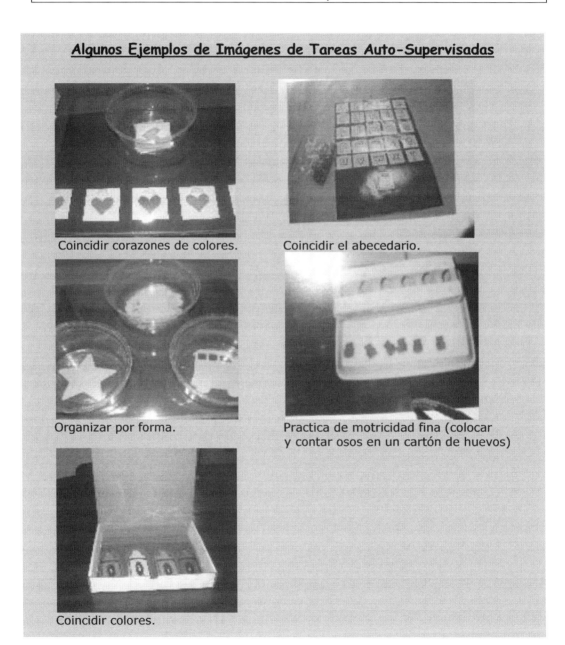

Coincidir corazones de colores.

Coincidir el abecedario.

Organizar por forma.

Practica de motricidad fina (colocar y contar osos en un cartón de huevos)

Coincidir colores.

Las tareas auto-supervisadas pueden adoptar diversas formas, como doblar la ropa y lavar los platos. Sin embargo, por el bien de este libro, describiremos las tareas auto-supervisadas que serán específicamente para el uso en la mesa o en el escritorio. Ellas serán las que un niño utilizaría mientras esté sentado o de pie en una mesa, durante un período de trabajo. Las tareas auto-supervisadas se crean normalmente con una base sólida, tal como una caja de cartón, cajas de refrescos, cajas de zapatos, cajas que contienen dulces, bandejas resistentes, o cualquier otro material que pueda soportar ¡hasta a un niño! Los materiales agregados en el interior de la caja de tarea son normalmente sujetados con Velcro™ o una cinta, a excepción de aquellos materiales que pueden ser ordenados, clasificados o manipulados de alguna forma.

Los modelos típicos de ítems que se agregan a las tareas, incluyen materiales que **pueden** destacar:

-Clasificación
-Conteo
-Habilidades de motricidad fina
-Apertura
-Coordinación de ojo-mano
-Coincidencia
-Etiquetación
-Lectura
-Reconocimiento de letras y números
-Identificación de imágenes
-Reconocimiento de formas o rompecabezas
-Juegos de carpeta de archivos
-y, en lo que desee trabajar…

Los **pocos** modelos típicos de habilidades básicas en las que el niño puede estar trabajando incluyen:

-Contar y colocar osos en un recipiente.
-Utilizar una pinza para sacar alfileres de un recipiente.
-Coincidir un oso de color con el color correspondiente.
-Colocar la imagen con la letra que inicia.
-Tomar las dos piezas del rizador de cabello y hacerlas chasquear juntas.
-Recolectar u organizar papeles
-Colocar alfileres sobre calcomanías en una tarjeta índice.
- y, en lo que desee trabajar…

Capítulo 6

Tareas Dirigidas por Adulto

Las tareas dirigidas por adultos serán las tareas en las que usted le esté enseñando a su hijo una nueva habilidad. Estas tareas serán identificadas por usted o por el equipo de la escuela, basándose en las necesidades de su hijo. Para las habilidades que se pueden enseñar en una mesa o escritorio, pruebe algunas de las estrategias de este capítulo. Cuando se piensa en que habilidades apuntar o trabajar, a menudo es útil echar primero un vistazo en donde esté trabajando su hijo actualmente. Hay muchas herramientas de evaluación formal para medir los niveles de habilidad que utilizan los sistemas escolares y los consultores. Sin embargo, nosotros discutiremos las medidas de evaluación informal. Si usted tiene información actualizada sobre evaluación por parte del sistema escolar u otro organismo, use aquella; si no, pruebe este método. Basta con escribir una lista de 10 - 12 habilidades específicas que tenga su hijo. Luego, escriba también otra lista de 10 - 12 habilidades específicas que le gustaría que su hijo aprendiera. A continuación, eche un vistazo a un gráfico de los hitos del desarrollo. Un diagrama de los hitos del desarrollo puede ser encontrado en cualquiera de los siguientes sitios web o usted puede encontrar una tabla de incitadores del desarrollo haciendo una búsqueda del término en Internet.

http://www.pbs.org/wholechild/abc/index.html
http://www.nidcd.nih.gov/health/voice/
http://www.reachoutandread.org/about_develop.html

Esto será importante para que usted se pueda asegurar de que las habilidades que desea que su hijo aprenda sean apropiadas para la edad y en una secuencia de desarrollo buena. Usted no quiere que un niño de 2 años trabaje en algo que un niño de 5 años ni siquiera puede hacer. A continuación, encuentre un término medio entre las habilidades que su hijo ya está mostrando y las habilidades que usted quiere que su hijo aprenda. Use ese término medio como punto de partida para las lecciones en el hogar. Por ejemplo, si su hijo ya puede coincidir elementos de color, tal vez el siguiente paso podría ser dejarle que comience a identificar los colores cuando se lo pregunte. Otro ejemplo es, si su hijo puede hacer garabatos circulares en papel, tal vez podría dejarlo comenzar a trabajar en trazo de líneas horizontales y verticales. Ó, si su niño tiene una habilidad para coger objetos, tal vez podría comenzar a aprender una secuencia para la limpieza de su habitación. Cualquiera que sea la habilidad, sea muy específico(a) al describir lo que usted quiere que su hijo haga. A continuación, algunas ideas para centrarse en la elección de habilidades.

Algunas Ideas Iniciales para Buscar o Trabajar Habilidades:

(Fuentes: Behavioral Intervention for Young Children with Autism (Intervención Conductual para Niños de Temprana Edad con Autismo) por Maurice, Green and Luce.

- Imitar movimientos, (movimientos físicos, movimientos o escritura usando las manos, movimientos con la boca).
- Identificar partes del cuerpo, objetos, imágenes, gente, palabras de acción, funciones de objetos, sonidos, pequeño/grande, alto/bajo, colores, fotos de los miembros de la familia, lugares, etc.
- Alimentarse, usar un tubillo para beber, vestirse y desvestirse, limpiarse la cara luego de comer.
- Coincidir colores, imágenes, objetos con objetos, imágenes con imágenes, imágenes con objetos, números con cantidades, etc.
- Etiquetar (con palabras, signos o imágenes) objetos, imágenes, fotos, números, letras.
- Imitar frases, responder a "¿Cuál es su nombre?".

Finalmente, cree un plan de enseñanza para cada habilidad que haya elegido. Cada habilidad /meta/objetivo debe ser muy específico en la descripción de lo que usted quiere que su hijo haga. Por ejemplo, sería mejor decir que usted quiere que su hijo o hija identifique los colores azul, rojo, amarillo y café, en lugar de decir que desea que "aprenda los colores". Tener un objetivo específico le ayudará a canalizar su enseñanza y pasar al siguiente nivel una vez que esas metas específicas o habilidades se hayan cumplido. Tener un plan de enseñanza puede ayudar a que este proceso sea un poco más fácil. Algunos ejemplos de planes de enseñanza se enumeran para usted en las próximas páginas.

****El plan de enseñanza debería incluir los siguientes elementos****

-La Habilidad a Ser Aprendida
-Los Materiales Necesarios
-Plan para Elaborar los Materiales
-Ideas para la Recolección de Datos
-Técnicas de Enseñanza a Ser Utilizadas
-Motivador/Ítem Preferido/Reforzador

<u>EJEMPLO #1 PLAN DE ENSENANZA</u>

Habilidad- John identificará los colores rojo, amarillo, azul y verde, al poner el color en mi mano.

Materiales necesarios- Tarjetas idénticas, bloques, juguetes o manipulativos que difieran sólo en color.
Plan para la Elaboración de los Materiales- Halle ítems pre-fabricados.

Ideas para la Recolección de Datos- Cree una hoja de datos para cada color o utilice una hoja que permita la elaboración gráfica del progreso para varios colores en una sola página.

Técnica de Enseñanza a Ser Utilizada- Trabajo en la enseñanza de un color a la vez hasta que sea dominado. Presento un color y pido a John que lo ponga en mi mano. Le ayudo a hacerlo. Recompenso a John con su ítem preferido. Después de unos 5 logros con un color a la vez, presento a John el mismo color y un color distractor. Le pido que de el color solicitado inicialmente. Siga este modelo para el resto de colores.

Ítem Preferido/Refuerzo – El juguete Tanque de Thomas o el Juguete Slinky.

EJEMPLO #2 PLAN DE ENSENANZA

Habilidad- Santiago cortará líneas de 6 pulgadas.

Materiales Necesarios- Tijeras para niños, tarjetas de índice cortadas en tiras de ½ pulgada.

Plan para la Elaboración de los Materiales- Dibuje una línea por el lado en blanco de la tarjeta (para 4 tarjetas). Corte las tarjetas en tiras de ½ pulgada.

Ideas para la Recolección de Datos- Cree una hoja de datos para registrar los intentos de Santiago.

Técnica de Enseñanza a Ser Utilizada- Al principio ayude a Santiago a cortar las tiras de ½ pulgada. Recompénselo por cada tira que corte. Incremente gradualmente el largo a 1 pulgada, 1 ½ pulgadas, 2 pulgadas, etc.

Ítem Preferido/Reforzador – Cosquillas y una actividad de presión sensorial profunda.

Plan de Enseñanza
(fotocopie a su gusto)

Habilidad-

_____

_____

_____

Materiales Necesarios-

_____

_____

_____

Plan para la Elaboración de los Materiales-

_____

_____

_____

Ideas para la Recolección de Datos-

_____

_____

_____

Técnica de Enseñanza a Ser Utilizada-

_____

_____

_____

Motivadores/Ítems Preferidos/Reforzadores-

_____

_____

Una vez que haya decidido qué enseñar, será importante empezar a recopilar materiales que le ayudarán a enseñar. Aquí hay algunos consejos para comenzar a organizar sus materiales para las tareas dirigidas por adulto.

<u>Organizar sus Materiales</u>

- Las bolsitas de tipo cremallera son útiles para almacenar los materiales individuales de su hijo y los reforzadores/ítems preferidos. Trate de comprar varios tamaños desde el extra pequeña a la jumbo. Siempre será de utilidad.

- Cree una bolsita etiquetada para cada objetivo que estará trabajando en una configuración 1:1 sobre el escritorio. (Por ejemplo, las metas u objetivos del baño o la hora de comer no deberían entrar en esta categoría. Sin embargo, clasificación e identificación de elementos puede funcionar bien en esta área). Guarde los materiales para cada objetivo en su propia bolsa.

- Utilice un marcador permanente para escribir sobre la bolsita la meta específica. Esto le ayudará a mantener los elementos correctos en la bolsa correcta.

- Haga una caja o un recipiente de refuerzo para su hijo que contenga una variedad de 6 o 7 reforzadores o ítems preferidos escogidos especialmente para él o ella. **Estos reforzadores seleccionados serán más efectivos si a su hijo solo se le permite accederlos durante el tiempo de trabajo y no durante otras ocasiones.**

- Limite las distracciones al seleccionar aéreas de trabajo cerca a una pared en blanco o en aéreas con distracciones visuales limitadas (www.TEACCH.com). Si no hay una pared en blanco, coloque una cortina, una pantalla, o tela en blanco para crear una atmosfera de espacio en blanco.

Algunas Ideas para la Enseñanza de Habilidades Básicas:

ENSEÑAR HABILIDADES DE ESCRITURA

1. Recuerde que esta tarea algunas veces puede ser difícil debido a las dificultades sensoriales que pueden hacer difícil sostener un instrumento de escritura.

2. Haga su mejor esfuerzo para usar una secuencia de desarrollo adecuada para las habilidades de escritura.

3. Utilice incitadores de más a menos (Ej.: Asistencia de mano sobre mano para que lo haga siempre correctamente, luego reduzca gradualmente la asistencia, en la medida que su hijo escriba mejor).

4. Hágalo divertido. (Ej.: Utilice juguetes de animales como lápices, haga que su niño dibuje una línea con su golosina o cereal favorito).

5. Cree oportunidades de escritura multi-sensoriales (Ej.: Escribir en crema de afeitar, pudin, crema batida o utilizando letras de papel de lija).

ENSEÑAR HABILIDADES PARA CORTAR CON TIJERA

1. Comience haciendo tijeretazos en papel.

2. Pase a cortar pedazos pequeños de cartulina gruesa o tarjeta de índice de cerca de ½ o 1 pulgada.

3. Incremente gradualmente el tamaño del papel.

4. Estimule "el corte sobre la línea".

5. Pase a las formas en un orden secuencial (Ej.: Cuando enseñe a cortar un cuadrado por primera vez, tenga pre cortadas todas las partes del cuadrado con la excepción de un lado. Luego pase a tener pre cortadas todas las partes del cuadrado a excepción de dos lados, etc.

ENSEÑAR HABILIDADES PARA VESTIRSE

1. Primero averigüe si su niño se puede quitar la ropa cuando se lo piden.

2. Utilice ropa de talla mayor (pantalón y camisa de sudadera en talla para adulto) para enseñar a diario. Haga que practique con su propia ropa.

3. Use la menor cantidad de indicación física necesaria.

4. Utilice soportes visuales tales como imágenes o instrucciones para la secuencia de imágenes.

5. Parta las tareas en partes pequeñas y considere las fortalezas de su hijo.

ENSEÑAR HABILIDADES PARA CONCEPTOS BASICOS

1. Presente 1 o 2 ítems a la vez. Por ejemplo, si usted está enseñando los colores o los números, no enseñe ocho colores al mismo tiempo. Comience con uno o dos hasta que su hijo domine los objetivos/metas, luego pase a otro color, luego otro, etc.
2. Limpie la mesa, con excepción de lo que usted esté tratando de hacer concentrar a su niño.
3. Cuando inicie por primera vez, haga que la respuesta correcta se destaque (Ej.: Si está enseñando la forma "círculo", intente utilizar un círculo grande y un cuadrado pequeño. Cambie gradualmente a las formas que sean del mismo tamaño).
4. Al comenzar a enseñar conceptos o atributos, asegúrese de mantener iguales todos los elementos de los materiales excepto para el atributo que esté trabajando (Ej.: Si está enseñando colores, tenga elementos que sean exactamente lo mismo con excepción del color. Si está enseñando formas, tenga formas que sean exactamente del mismo color, pero que difieran sólo en forma).
5. Enseñe las tareas más difíciles de identificación de vocabulario, haciendo que su hijo coincida primero las imágenes, números o palabras con el mismo número exacto o palabra. Luego, proporcione el vocabulario para lo que coincida en la medida que le de la imagen, número o palabra (Ej.: "dé perro" "dé libro" "dé el número 2").

Durante las tareas dirigidas por adultos se pueden utilizar diversos métodos de enseñanza. Las siguientes páginas ofrecen información sobre sólo unos pocos métodos de enseñanza. Pero antes de empezar la enseñanza, tendrá que encontrar motivadores para su hijo. Con cualquier método o métodos que usted elija, con el fin de aumentar el aprendizaje y la motivación, deseará usar refuerzos o elementos preferidos por los que su hijo se comunicará o trabajará. **Sin un elemento altamente motivador, es posible que tenga dificultades para conseguir que su hijo haga la tarea**. La utilización de los elementos preferidos para ayudar a motivar al niño a trabajar en la tarea es importante. La selección de elementos preferidos que sean apropiados influirá en gran medida a su impacto.

Cuando escoja los motivadores, intente con las siguientes ideas:

- Presente a su hijo una variedad de elementos.
- Tome nota de los elementos que su niño alcanza, pide o evita.
- Recuerde que motivadores y reforzadores pueden ser <u>cualquier cosa</u> que su hijo encuentre reforzador, no sólo lo que usted piensa que le gusta.
- Elementos tangibles (Ej.: juguete, radio, revista, etc.).
- Elementos comestibles (Ej.: Cantidades de comida *muy pequeñas* o golosinas, etc.).
- Elemento sensoriales (Ej.: cosquillas, crema, auditorio/música, etc.).
- Actividades (Ej.: Escondidillas, canciones, receso, etc.).
- Atención social (Ej.: elogio, cincos altos, etc.).

Algunas Técnicas de Enseñanza de Varias Fuentes de Internet y Libros

"ACA" Análisis de Comportamiento Aplicado (de www.Kathyandcalvin.com).

El Análisis de Comportamiento Aplicado "ACA" (en inglés ABA: Applied Behavior Analysis) es la ciencia del comportamiento y el aprendizaje humano que comenzó incluso antes del trabajo de B.F. Skinner hace más de 70 años. Skinner nos enseñó que el aprendizaje puede ser acelerado mediante la organización del ambiente de aprendizaje y las consecuencias del comportamiento en las aulas. Los maestros o padres que trabajan activamente en la organización de los ambientes de aprendizaje de sus estudiantes para acelerar el aprendizaje, son más efectivos que aquellos maestros que confían en los estudiantes para que organicen su entorno.

A través de muchos años de investigación en el campo de la ACA, hemos aprendido que las partes importantes de los ambientes de aprendizaje que necesitamos organizar son:

1. Lo que hacemos para hacer que el comportamiento ocurra.
2. Lo que hacemos luego de que el comportamiento ocurre para hacerlo más fuerte en el futuro. En otras palabras, si queremos que un niño con autismo aprenda a venir a nosotros cada vez que lo llamamos, entonces tenemos que

   -hacer algo para que el comportamiento ocurra (llamarlo) y luego

   -hacer algo luego del comportamiento que lo hará desear venir la próxima vez (darle un refuerzo o recompensa). Este proceso de organización de los antecedentes (la llamada) y consecuencias (dar un reforzador) es la unidad básica de toda la enseñanza para niños con autismo. Si usted aprende como organizar estos antecedentes y consecuencias, enseñará muchas habilidades a su estudiante/hijo.

"EED" Entrenamiento Experimental Discreto (de www.polyxo.com).

Un Experimento Discreto es una forma de Análisis de Comportamiento Aplicado. Es un método para la enseñanza de una nueva habilidad. Esto implica romper una lección en partes pequeñas. Un experimento discreto es un ciclo único de una rutina de enseñanza basada en el comportamiento. Un experimento en particular puede ser repetido varias veces consecutivas, varias veces al día, durante varios días (o incluso más) hasta que la habilidad sea dominada. En un experimento discreto hay cuatro partes, y una quinta es opcional.

- El **estímulo discriminativo** (E^D) — la instrucción o la señal del ambiente al cual el adulto le gustaría que el niño responda.

- El **estímulo recordatorio** (E^R) —Un incitador o señal de parte del adulto para ayudar a que el niño responda correctamente (opcional).

- La **respuesta** (R) —La habilidad o comportamiento que sea el blanco para la instrucción.

- El **estímulo reforzador** (E^R) —Una recompensa diseñada para motivar al niño a que responda y lo haga correctamente.

- El **intervalo inter-experimental** (^{IIE}) —Una breve pausa entre experimentos consecutivos.

Consejos para Realizar un Experimento Discreto

1. *Un protocolo general para tratar las conductas difíciles durante un experimento discreto sería impedir (detener) al niño que participe en la conducta y enfocar la tarea, no mencionar el comportamiento inapropiado, sólo mencionar que la tarea se complete. Sin embargo, si hay otro plan de conducta específica para el niño, siga con el plan del niño.*
2. *Remueva todas las distracciones del área de trabajo.*
3. *Utilice motivadores y elementos preferidos para que su hijo trabaje por ellos.*
4. *Cuando presente opciones, usualmente (no siempre) presente sólo 2 o 3 ítems a la vez.*

Aprendizaje sin Errores (de www.christinaburkaba.com)

El aprendizaje sin errores es un método de enseñanza en el que se pide al aprendiz que obtenga la respuesta correcta. Se trata de un método de indicación de más a menos. El alumno aprende a través de la repetición de pruebas con indicaciones. Las indicaciones son luego desvanecidas a un ritmo en el que el alumno continua exitoso. El alumno se ve reforzado por el éxito y tiende a permanecer más motivado para completar la tarea. El aprendizaje sin errores se utiliza apropiadamente cuando se quiera enseñar una nueva habilidad. También es importante en las etapas iniciales del aprendizaje cuando trate de establecer el control de instrucción con un niño.

No- Incitador No (de www.christinaburkaba.com)

No- Incitador No, es la técnica en la que se usan incitadores de menos a más. Al estudiante se le da la oportunidad de elegir la respuesta, (ya sea correcta o incorrecta), y luego es corregido (por parte del adulto diciendo "no") y el estudiante es incitado a la respuesta correcta. Algunas personas creen que este método puede conducir a que a veces el niño desarrolle una cadena incorrecta de respuesta.

Instrucción Directa

La instrucción directa es una interacción de 1:1 en donde el estudiante es introducido a un concepto o habilidad, prácticas de la habilidad, y demuestra comprensión de la habilidad. Durante la instrucción directa, utilice pasos específicos y descompuestos para enseñar la habilidad. A continuación, ofrezca oportunidades para la práctica. Luego, intente hacer que el niño demuestre el concepto/habilidad independientemente y en otros sitios.

Conducta Verbal Aplicada/Intervención de la Conducta Verbal

La Intervención de la Conducta verbal es una forma de Análisis de Comportamiento Aplicado (ACA), basada en el libro Conducta Verbal (Verbal Behavior) de BF Skinner. La Intervención de la Conducta Verbal aborda las dificultades de comunicación en individuos con autismo. Skinner llegó a la conclusión de que hay varios operantes verbales y que cada uno de los cuales cumple una función diferente. Este método hace hincapié en el lenguaje funcional y en el uso de elementos de motivación para fomentar la comunicación.

Términos de la Conducta Verbal (de http://www.autismusaba.de/english.html):

Mand: Solicitud de deseos y necesidades.

Tacto: Etiquetar o describir objetos.

Repertorio Receptivo: Instrucciones de seguimiento no-verbales, discernimiento entre imágenes y objetos.

Imitación: Repetir, copiar lo que fue observado.

Repercutiente: Imitación vocal.

Intraverbal: Responder verbalmente (o utilizando lenguaje de señas) a la conducta verbal de otros.

Textual: Lectura.

Transcriptivo: Escritura.

Moldear (Miltenbereger, 1997)

Este método se utiliza para desarrollar un comportamiento blanco que el niño **no** tenga en la actualidad. El moldeado es "un reforzamiento diferencial de aproximaciones sucesivas de un comportamiento blanco hasta que la conducta sea exhibida por el individuo". Esencialmente, el moldeado contribuye a reforzar los pequeños pasos que el niño hace hasta que los intentos se han acercado al comportamiento blanco.

Para Empezar a Moldear:

- Para empezar a moldear, identifique un comportamiento que el niño ya esté haciendo que sea una aproximación del comportamiento blanco (la conducta que usted quiere en el niño). Se denomina comportamiento inicial o primera aproximación.
- Refuerce este comportamiento y como resultado, el niño empezará a exhibir esta conducta más a menudo.
- Luego deje de reforzar el comportamiento inicial y empiece a reforzar un comportamiento que sea un poco más cercano al comportamiento blanco. Como resultado, el niño empezará a realizar el nuevo comportamiento con más frecuencia (porque es reforzado) y realizará el comportamiento anterior con menos frecuencia.
- Este proceso continua para aproximaciones más y más cercanas hasta que el comportamiento blanco es observado. (Miltenbereger, 1997)

Ejemplo1 de Moldeado
- Comportamiento Blanco = Usar anteojos.
- Comportamiento Inicial = llora, tira los anteojos al piso.
- Aproximaciones sucesivas (pequeños pasos) incluye:
  - Tocar los anteojos
  - Recoger los anteojos
  - Ponerse los anteojos en la cara
  - Ponerse los anteojos
  - Usar anteojos

Ejemplo 2 de Moldeado
- Comportamiento Blanco = decir "más"
- Comportamiento Inicial = dice "mmm"
- Aproximaciones sucesivas (pequeños pasos) incluye::
- Decir el sonido "mmm"
- Decir "ma"
- Decir "más"

Ejemplo 3 de Moldeado
- El niño llora y el adulto le da al niño un juguete y habla con él/ella.
- El niño llora, no obtiene una respuesta, entonces el niño hace sonidos estrepitosos, el adulto va a la habitación y le dice al niño que recoja los juguetes y le habla al niño.
- El niño llora, hace sonidos estrepitosos, no obtiene una respuesta, entonces el niño grita y también arroja juguetes, el adulto entra en la habitación, le da un sermón al niño y lo pone en tiempo de espera.
- El adulto está preocupado porque el comportamiento ha empeorado.
(En este ejemplo, el adulto moldeó la conducta para crear una rabieta completa.)

Encadenamiento (Miltenbereger, 1997)

El método de encadenamiento se usa para enseñar conductas que se producen juntas en una secuencia. Hay dos tipos de encadenamiento: el encadenamiento regresivo y encadenamiento progresivo. Encadenamiento regresivo es una técnica que utiliza incitador y desvanecimiento para enseñar primero el último comportamiento de la cadena. Encadenamiento progresivo es una técnica en la que usted enseña el primer componente, luego el segundo componente, etc.

Encadenamiento Regresivo (Miltenbereger, 1997)

El encadenamiento regresivo es un método que puede ser usado con personas a quienes normalmente puede ser difícil enseñar. En este método, el niño completa la cadena (realiza el último comportamiento en la secuencia o la última parte de la secuencia) de cada experimento de aprendizaje. El refuerzo sigue. Este método le da al niño la oportunidad de tener éxito al completar la tarea. A continuación, el niño completa los últimos dos comportamientos de la cadena, luego, los 3 últimos, etc.

Ejemplo de Encadenamiento Regresivo:
(Lavar las manos)
•Primero enseñe a tirar papel toalla, luego a secarse las manos, luego a cerrar el grifo, luego a enjuagarse las manos, luego a usar el jabón, luego a abrir el grifo, etc.
(Colgar el Abrigo)
•Primero enseñe a colocar el abrigo en el gancho, luego a colgar el gancho con el abrigo en el perchero, luego a quitarse el abrigo, luego a bajar el cierre, etc.
(Getting Ready for Dinner/Setting the table)
•Primero enseñe a sentarse a la mesa, luego a poner los cubiertos sobre la mesa, luego a poner los platos sobre la mesa, luego a poner las tazas sobre la mesa, luego a poner los manteles en la mesa, etc.

Encadenamiento Progresivo (Miltenbereger, 1997)

En el encadenamiento progresivo, le indicará al niño que complete correctamente el primer comportamiento de la cadena, a continuación proporciónele un objeto preferido (reforzador) siguiendo la respuesta. A continuación, desvanezca las indicaciones hasta que el niño pueda hacer el primer comportamiento por sí mismo. Mantenga su reforzador hasta que el niño complete los 2 primeros comportamientos de la cadena, luego, eventualmente, los primeros 3, primeros 4, etc.

Anisáis de Tarea

Este método consiste en descomponer una tarea en sus componentes individuales. Por ejemplo, la tarea de lavarse las manos puede ser dividida en: abrir el grifo del agua, recoger el jabón, frotarse el jabón en las manos, colocar las manos bajo el agua, enjabonarse, enjuagarse las manos, cerrar el grifo del agua, conseguir una toalla de papel , secarse las manos y tirar la toalla de papel.

Presentación de Tarea Total

Con este método, toda la cadena de comportamientos se enseña como una sola unidad.

Incitadores de Imagen

Los Incitadores de imagen incluyen la representación visual de la tarea para ayudar en el aprendizaje del estudiante. Son de gran ayuda para los estudiantes que son aprendices visuales.

Enseñanza Idéntica (de www.autismnetwork.org)

El método de enseñanza idéntica se centra en el niño. Se utilizan reforzadores seleccionados por el niño. Este método se lleva a cabo en el entorno natural y se centra en las actividades seleccionadas por el niño. Los profesores organizan el ambiente mediante la colocación de los juguetes preferidos y actividades a la vista de cada estudiante, pero no al alcance, para estimular al estudiante al inicio de sesiones de enseñanza basada en objetivos de aprendizaje planificados de antemano.

Ejemplo de Enseñanza Incidental:
- Nivel 1- El adulto proporciona un retraso de 30 segundos cuando un niño muestra interés en un objeto/material.
- Nivel 2- El adulto le indica al niño que pida el objeto.
- Nivel 3- Solicitud más elaborada por parte del adulto (Ej.: "¿Qué es esto?" o "¿Qué muñeca desea?").
- Nivel 4- La respuesta correcta es modelada por el adulto y se le pide al niño que imite la respuesta. Luego, el objeto es presentado al niño.

Técnica de Modelo-Mand (Roger-Warren, 1980)

La técnica modelo-mand requiere el uso de una solicitud o una instrucción para un comportamiento determinado. Se utiliza el ambiente natural. En este método, el adulto es el iniciador de la comunicación. El modelo-mand ayuda a los niños que sean poco iniciadores de intercambios comunicativos.

Ejemplo de la Técnica de Modelo-Mand
- Paso1- El adulto proporciona una variedad de materiales en un momento de juego (o momento de comida) para crear oportunidades de comunicación.
- Paso 2- Cuando el niño se acerca a los materiales, el adulto inicia el intercambio de comunicación pidiendo (manding) al niño una solicitud verbal o descripción (Ej.: "¿Qué desea?").
- Paso 3- El adulto proporciona una expansión del mand si el paso 2 no manifestó el comportamiento blanco. Un ejemplo sería "Muéstrame el signo para pelota" ó "di pelota", mientras modela el signo o la palabra.
- Paso 4- La producción de la respuesta blanco (siguiendo cualquiera de los pasos anteriores) resulta en una respuesta verbal por parte del adulto y el adulto proporciona el artículo al niño.
- Paso 5- Si los pasos 2 o 3 no logran manifestar el comportamiento blanco, el adulto proporciona un segundo modelo, pero no espera un resultado verbal.
Yo sin embargo añadiría, usted posiblemente puede indicar, señalar o utilizar íconos de imagen, con la menor cantidad de ayuda posible.

Retraso de Tiempo (Noonan & McCormick, 1993)

El retraso de tiempo se utiliza para enseñar a los niños a iniciar la interacción verbal. Ha sido utilizado con éxito para aumentar el habla en los estudiantes con autismo (Ingenmey y Van Houten, 1991). A veces el retraso de tiempo es llamado un incitador tardío.

Ejemplo de la Técnica de Retraso de Tiempo
- Paso 1-El adulto reconoce una situación en la que el niño desea un elemento, luego espera a que el niño inicie una respuesta.
- Paso 2-Si el niño no responde adecuadamente, se utiliza otro retraso.
- Paso 3- Si esto no funciona, el adulto utilizará el procedimiento del modelo-Mand.

Cadena de Conducta Interrumpida "CCI" (Mirenda y Iacona, 1988).

Este método utiliza rutinas naturales para la instrucción de comunicación relacionada con las solicitudes de asistencia de los estudiantes que son mínimamente motivados a comunicarse (Mirenda y Iacona, 1988). En el método CCI, la instrucción se da después de que el estudiante comience una actividad. La actividad es interrumpida por el adulto y el estudiante debe comunicarse a fin de que la actividad continúe.

Ejemplo1de Cadena de Conducta Interrumpida:
■Durante las actividades de juego estructurado, la interacción del niño con el juguete puede ser interrumpida por el adulto que tome el juguete.
■Cuando esto ocurre, al niños se le puede pedir que solicite el "cochecito" señalando, hablando o con un ícono de imagen.

Ejemplo2de Cadena de Conducta Interrumpida:
(Estudiante No-Verbal)
■El estudiante termina la natación. La siguiente actividad es el recreo. El estudiante recibe el zapato, se pone el zapato y es interrumpido por el profesor, que presenta un ícono de imagen que dice "ayuda"
■El estudiante debe tocar la imagen para completar la cadena (obtener el zapato atado) antes de ir afuera.

Moldeamiento del Estímulo e Incitación (Browder, 2001)

El moldeamiento del estímulo parece ser una forma altamente exitosa para enseñar habilidades de distinción. En el moldeamiento del estímulo, la presentación visual del estímulo se cambia gradualmente en los experimentos para que la distinción sea fácil al principio y luego gradualmente más difícil. Por ejemplo, cuando enseñe la forma de un círculo por primera vez, tal vez el círculo (que desea que el niño elija) puede ser tres veces más grande que la otra forma. Entonces eventualmente, hágalo más pequeño para que sea del mismo tamaño que la otra forma.

Desvanecimiento del Estímulo (Browder, 2001)

El desvanecimiento del estímulo es la eliminación gradual de un incitador. Este método se utiliza para aumentar la independencia. Por ejemplo, al enseñar palabras de uso frecuente, puede que tener una imagen de la palabra y la palabra escrita. Luego gradualmente, y poco a poco, atenué la imagen, dejando sólo la palabra escrita.

Incitador de Respuesta

Es un incitador que se presenta al niño para señalarle que realice un comportamiento específico.

Otras Técnicas de Comunicación

- Haga inaccesible los ítems (haga que el niño los pregunte).
- Adiestramiento de la comunicación funcional (Enseñe la comunicación de una manera funcional /contextual. Por ejemplo, en lugar de un niño que golpea para decir el mensaje: "Quiero atención", enseñe al niño a decir "Juega conmigo" o dele un ícono de imagen que diga "Juega conmigo").
- Proporcione rutinas estructuradas.
- Aclare visualmente las expectativas, rutinas y tareas.
- Juego estructurado y actividades de ocio (planéelos y facilítelos).
- Proporcionar respuestas contingentes no-lingüísticas (reconocer la conducta del niño).
- Proporcionar respuestas contingentes lingüísticas (amplié verbalmente sobre lo que el niño dice o hace).

Enseñanza Estructurada (de www.teacch.com)

Los profesionales del TEACCH [del inglés: Treatment and Education of Autistic and related Communication-Handicapped Children (tratamiento y educación de autistas y niños con discapacidades de comunicación relacionada)], centro localizado en Chapel Hill, Carolina del Norte, han desarrollado un método para enseñar a los niños con autismo que es ampliamente utilizado en una variedad de escuelas. Este método es denominado a menudo como enseñanza estructurada. El sitio Web de TEACCH afirma que "para enseñar efectivamente a estudiantes autistas, el maestro debe proporcionar estructura, es decir, configurar el aula para que los estudiantes comprendan dónde deben estar, qué hacer y cómo hacerlo, todo tan independientemente como en lo posible". Los componentes claves de la enseñanza estructurada son la organización física, la programación y los métodos de enseñanza. El equipo TEACCH afirma también que la clave para la utilización eficaz de cada uno de estos aspectos es la individualización. "Un aula que está físicamente bien organizada y programada no beneficiará a los estudiantes a menos que en la fase de planificación se consideren las necesidades y capacidades de cada estudiante". Estos principios importantes pueden aplicarse a la configuración física del área de trabajo en casa, los métodos de enseñanza que usted podría usar y la implementación de la utilización de horarios con su hijo. El sitio Web de TEACCH tiene mucha más información para los padres y familias, y es un recurso recomendado.

Capítulo 7

Enseñar Habilidades de Juego

Algunos niños con autismo tienen dificultades con el desarrollo de habilidades sociales y habilidades de juego. La creación de un área de juego y la enfatización en la instrucción de habilidades sociales puede ser una manera de ayudar. El área de juego puede lucir diferente en el hogar de cada quien. Usted tiene que crearlo para satisfacer las necesidades de su hijo. Muy a menudo, para los niños más pequeños, el área de juego tendrá que ser dividido en partes con límites muy claros. Para personas mayores, algunas familias pueden optar por crear una mesa o área de una sala dedicada a los juegos o cartas, o a la participación en algunas otras actividades recreativas o de ocio. A menudo, en el área de juego se enseñan el uso de tableros temáticos, el uso de actividades apropiadas a la edad, y se hace énfasis en habilidades de comunicación y socialización. Las actividades de juego u ocio tendrán que ser estructuradas, planificadas y orientadas por los adultos. Para muchos niños con autismo, la ***instrucción directa*** en las habilidades de recreación, ocio y juego, es fundamental para su desarrollo social. Si bien por ahí existen numerosos recursos para la socialización y las habilidades de juego, esta página y la página siguiente mencionan sólo unas pocas cosas a tener en cuenta al enseñar habilidades de juego o habilidades sociales o al tratar de mejorarlas.

- El tiempo libre es un concepto difícil para algunos niños con autismo.
- Recuerde que usted tendrá que enseñar habilidades de juego. Ellas no vienen naturalmente para muchos niños con autismo.
- Enseñe las habilidades de juego de 1:1 primero, luego incorpórelas en una organización de grupo (Moyes, 1997).
- En lo posible utilice juegos y juguetes apropiados a la edad. Si un niño de siete años sin autismo le gusta el juego, lo más probable es que su niño de

siete años también tenga un interés en él. Usted sólo tienen que modificar un poco la presentación.

- Encuentre la manera de hacer el juego o la actividad "realizable" para él o ella.
- Diviértase. Su niño debería desear ir a esta área de juego. Si usted no se está divirtiendo, es posible que él/ella no se esté divirtiendo.
- Intente con algo nuevo tal como patinaje sobre ruedas (comience primero en una alfombra o tapiz), tenis, béisbol, fútbol o bolos.
- Siga la delantera de su hijo y comente en lo que él o ella esté interesado. Trate de no consumirse demasiado en su idea de lo que el juego debería parecer. Concéntrese en el acto de atender al mismo elemento al mismo tiempo, compartiendo el mismo espacio y estando en la "misma página", más que hacer que él o ella "juegue" con el juguete en la manera exacta para lo que se hizo.
- Si usted va a jugar, entonces juegue. Trate de no profundizar con su hijo sobre colores, formas y números, etc. durante el momento de juego. Está bien hacer comentarios sobre estos conceptos, pero mantenga el juego divertido y cautivante e inverso al tiempo de trabajo.
- Encuentre un método para enseñar las habilidades que necesita. Usted es el facilitador. Durante las etapas iniciales, trate de no dejarlo(a) "jugando por su cuenta".
- Lea sobre la enseñanza de habilidades de juego para niños con autismo. Hay muchos recursos sobre el tema y hay algunos métodos sistemáticos para enseñarles a jugar.

Libros y Materiales Relacionados para Enseñar Habilidades Sociales

AutismClassroom.com tiene una lista de libros y materiales relacionados con la enseñanza de habilidades sociales y habilidades de comunicación en la página de "Técnicas de Comunicación" del sitio web.

Capítulo 8

Habilidades de Auto-Ayuda

Los aprendizajes de habilidades de auto-ayuda y para la vida diaria son herramientas importantes para llegar a ser más independiente. La enseñanza de habilidades de auto-ayuda y para la vida diaria es esencial. Hacer las cosas "visuales" puede ser la propia "auto-ayuda" para algunos niños. Los apoyos visuales de diversos tipos para habilidades de la vida diaria y de auto-ayuda son necesarios para ayudar a los niños con autismo a entender el mundo que les rodea. Los apoyos visuales incluyen cualquier elemento visual que ayuda al niño a comprender o expresar el lenguaje. Estos incluyen, pero no se limitan a, fotos, calendarios, horarios, tableros temáticos, íconos individuales, listas escritas, palabras escritas, logos, y mucho más. En este capítulo se destacan algunas ayudas visuales que pueden ser utilizadas para ayudar en el área de las habilidades de auto-ayuda.

Los horarios visuales y/o calendarios se hacen para satisfacer las necesidades específicas del individuo (Ej.: objeto, ícono de imagen, foto, palabra). Un calendario visual puede mostrar a su hijo qué esperar cada día del mes (Ej.: la visita a la abuela, días de prácticas de fútbol, etc.). Los calendarios y horarios visuales ayudan a hacer la vida más predecible y pueden aliviar los niveles de estrés en algunos niños.

Los métodos de comunicación aumentativos utilizados para las comidas son otro tipo de apoyo visual que puede ayudar con las habilidades de auto-ayuda. Los niños con autismo que tienen dificultades de lenguaje, podrían beneficiarse del uso de métodos aumentativos y alternativos de comunicación. La hora de las comidas es un momento bastante motivador para muchos niños. Aunque su hijo pueda indicar lo que quiere en esos momentos a través del señalamiento y conduciéndole a la comida, es importante fomentar formas simbólicas de comunicación. El nivel de comunicación esperada dependerá de las habilidades actuales de su hijo. Sin embargo, las indicaciones visuales pueden servir como una herramienta útil para muchos niños con autismo (ambos: verbales y no verbales). Para lograr esto, pruebe ya sea con logos y envolturas de alimentos, los alimentos o bebidas reales, fotos o íconos de imagen de la comida para que el niño pueda elegir. Haga que señale, dé o diga el alimento o bebida antes de consumirlo, (incluso si puede obtener el elemento por sí mismo/a). Al principio, es posible que encuentre que él o ella proteste (fuertemente). Sin embargo, si usted es consistente durante la hora de las comidas, su hijo aprenderá a usar formas simbólicas de comunicación más a menudo, ya sea entregando un ícono de imagen, utilizando el lenguaje de señas o con palabras. Utilice Velcro ™ para hacer las fotos desmontable, si es necesario.

Ejemplo de Tablero de Elección para el Desayuno
(Utilice imágenes para los no lectores).

Jugo	Leche	Cereal
Avena	Panqueque	Ayuda
Cuchara	Tenedor	Terminado

Las habilidades de autoayuda y las habilidades para la vida diaria pueden ser mejoradas por los apoyos visuales durante actividades de rutina que su hijo pueda hacer cada día. Esta área es especialmente importante, ya que algunos niños pueden tener problemas para recordar, secuenciar y organizar. Es posible que necesiten alguna ayuda para recordar el orden de las cosas. Un apoyo visual para las actividades de rutina puede ayudar. Por ejemplo, un conjunto de imágenes que muestren los pasos para el lavado de las manos o una representación gráfica de la tarea de colgar sus pertenencias al regresar de la escuela a la casa, pueden ayudar a que algunos niños se concentren. Los apoyos visuales para las rutinas también pueden ayudar a crear una mayor independencia en algunos niños.

Ejemplo de Apoyo de Rutina para un Niño que Lee
(Utilice imágenes para los no lectores)

1. Quitarse la mochila.
2. Quitarse el abrigo.
3. Colgar el abrigo.
4. Sacar la bolsa del almuerzo y ponerla en la cocina.
5. Sacar la carpeta de tareas y ponerla sobre la mesa.
6. Poner la mochila en el armario.

Cómo Preparar un Área de Trabajo en Casa para un Niño con Autismo

La auto-ayuda en la forma de manejar el comportamiento de una persona, es otra manera en la que los apoyos visuales pueden ayudar a enseñar a los niños con autismo. Si usted tiene un niño con algunos problemas de comportamiento, entonces este párrafo puede ser para usted. En lugar de recordarle a su hijo constantemente y verbalmente de una norma de la casa o de una expectativa, usted puede mostrarle visualmente lo que usted quiere que sepa o haga. Las reglas visuales para el comportamiento son útiles debido a que su hijo puede estar más a gusto mirando el ícono o las palabras escritas que mirando a un adulto. Esto es especialmente cierto cuando están molestos. (Todos sabemos que le puede ser muy difícil mirar directamente a una persona cuando está enojado con ella). Elementos tales como imágenes, símbolos icónicos, un calendario de lo que puede esperar o imágenes de las reglas, pueden aumentar en gran medida las conductas apropiadas en algunos niños. El libro Solving Behavior Problems in Autism (Solución de Problemas de Comportamiento en el Autismo) de Linda Hodgdon, es un buen recurso para esta área.

Algunas Formas de Promover la Conducta Positiva en los Niños Durante las Horas de Trabajo:

■ Pre-fabrique y prepare actividades con todos los materiales presentes.
■ Limite las distracciones auditivas y visuales, limite la reproducción de música de fondo.

■ Utilice horarios visuales para las diversas actividades & proporcione indicaciones visuales junto con el lenguaje verbal.
■ Tono de voz neutro /varíe el tono de su voz (Ej.: intente susurrar para calmar a alguien).
■ Pocas/limitadas palabras para expresar lo que quiere que su hijo haga.

■ Gesticule o modele junto con el lenguaje verbal.

■ Proporcione (después) actividades altamente motivadoras para ayudar al niño a realizar una actividad difícil.

■ Remueva los elementos problemáticos conocidos antes de que el niño entre en el área de trabajo.

■ Utilice lenguaje corporal positivo- trate de no vigilar al niño o presentar lenguaje corporal negativo.

■ Sea conscientes de los problemas sensoriales en el entorno del niño y sea consciente que la estimulación sensorial puede ser la causa de un problema.
■ Disminuya la dificultad de las tareas al disminuir en números (Ej.: En lugar de 7 problemas de matemáticas, dé 3).
■ Disminuya la cantidad de tiempo esperado (Ej.: esperando o trabajando).

■ Disminuya en dificultad o haga las tareas más fáciles (Ej.: escoja un rompecabezas de 5 piezas en lugar de 20).

■ Disminuya en requisitos (Ej.: Si se necesita que el niño se vista utilizando 6 elementos, reduzca a 3 elementos).

■ Utilice un horario programado, tal como prestar atención o un elemento preferido cada X cantidad de tiempo, para un comportamiento positivo (Ej.: "Cada 2 minutos que mantengas tus manos quietas, obtienes un Cheerio").
■ Recompensas sociales, elogio verbal, choque los cinco, palmadas en la espalda, cosquillas, etc.

■ Acceso a elementos altamente favoritos por conducta positiva y elimine el refuerzo (absténgase de hablar del comportamiento que usted no quiere ver – hable acerca de lo que usted quiere ver) para conductas inapropiadas.

■ Use señales visuales para mostrar a su hijo que recompensa obtendrá por la conducta positiva.

Algunas Ideas para Habilidades de Auto-Ayuda/vida diaria:

ENSEÑAR HABILIDADES PARA EL USO DEL BAÑO

1. Tenga un plan y trabaje en sólo un paso a la vez.

2. Utilice apoyos visuales (revise el sitio web TEACCH.com para ideas sobre entrenamiento para usar el inodoro).

3. Utilice encadenamiento regresivo (orientación física, luego refuerce el último paso).

4. Utilice el video modelado (Ej.: Modele desde el punto de vista del niño. Existen distintas maneras de ser creativo sin mostrar en realidad el acto de alguien usando el baño. Por ejemplo, utilice botellas de chorrito y barras de chocolate para imitar el acto real del uso del baño).

5. Algunos pasos para el proceso del uso del inodoro:
    1. Siéntese sobre el inodoro.
    2. Orine en el inodoro.
    3. Límpiese.
    4. Tiempo para el que se entrenó.
    5. Solicite el uso del baño
    6. Independiente

ENSEÑAR HABILIDADES PARA LA HORA DE COMIDA

1. Enseñe la habilidad de utilizar un tenedor y una cuchara (Ej.: Algunas personas optan por intentar 10 segundo "de tiempo de espera" [remoción del alimento] para utilizar los dedos).

2. Enseñe consistentemente el uso de la servilleta.

3. Cree un límite para su hijo con manteles o toallas de cocina si él/ella toma los alimentos de otros o hace desorden durante las comidas.

4. Proporcione apoyos visuales para comunicar lo que su hijo puede querer decir o lo que quiera decirle a su hijo durante las comidas (también no olvide agregar comentarios, tales como "esto sabe bueno" ó "no me gusta eso".

5. Anime a su hijo(a) a que pregunte por todos los elementos que él/ella obtiene durante las comidas.

ENSEÑAR HABILIDADES PARA VESTIRSE

1. Practique la habilidad de ponerse y quitarse la ropa mediante el uso de camisas para adultos de tamaño grande y pantalones de sudadera que su hijo(a) pueda poner sobre su ropa para la práctica diaria.

Algunas Ideas para Habilidades de Auto-Ayuda/vida diaria:

2. Utilice cuadros visuales para ayudar con esta habilidad, colgándolos en su habitación o vestidor.

3. Cree un horario visual de los pasos involucrados para vestirse.

4. Utilice el horario de tarea visual mientras trabaja en la habilidad.

IR A LA TIENDA

1. Proporcione a su hijo una lista visual de lo que buscará en la tienda (utilice imágenes o posiblemente logotipos del folleto de la tienda).

2. Mantenga un "agenda de viaje" en su automóvil para mostrar todos los lugares a los que irá además de la tienda. Asegúrese de incluir una imagen de la casa para que él/ella sepa cuando usted haya terminado.

3. Utilice el servicio de auto-registro si lo necesita. A veces es más rápido y puede hacer que su hijo(a) participe en la actividad de registrar los ítems. (Esta fue una sugerencia de un compañero de trabajo).

4. Comience despacio si es necesario. Para algunas personas esto solo significará ir a la tienda y regresar al automóvil. Luego intente ir a la tienda a comprar 1 artículo, como goma en la caja registradora, luego vaya al automóvil. Luego, gradualmente agregue más artículos a la lista. Si sabe que su hijo no lo tolerará bien, por favor no empiece con un viaje a la tienda para una lista 30 artículos.

HACER QUE SU HIJO RESPODA

1. Si usted tiene un plan de conducta específico, entonces siga ese. De otra manera, intente con esta técnica para la ***mayoría, no todas*** las instrucciones diarias: Use sólo unas pocas palabras para hacer una solicitud.

2. Dele la solicitud a su hijo sólo 2 veces, luego, a la tercera solicitud siempre prosiga con asistencia.

Capítulo 9

Transiciones

Las transiciones pueden ser difíciles para muchos niños. Aquí hay algunas ideas para intentar hacer un poco más fácil la transición al área de trabajo.

Facilitar Transiciones Difíciles

1. Indique claramente cuando una actividad se finaliza al decir que la actividad ha terminado y es hora de la siguiente actividad. Utilice la menor cantidad de palabras posibles para hacer esto.

2. Tenga a cada momento algo que le guste realmente a su hijo, en el lugar donde tienen la transición.

3. Deje que su hijo lleve algo o le "ayude" en la próxima actividad (tarjetas de horario, íconos de imagen, o los materiales de la lección puede funcionar muy bien) y establezca lo que este tema será antes de que llegue el momento.

4. Deje que su hijo sostenga algo cuando esté sentado durante la actividad. [Su primer objetivo es hacer que su hijo venga a la actividad, puede trabajar en tenerlo(a) participando más tarde]. Al principio, esto podría ser todo lo que hace.

5. Dé a su hijo una advertencia de 1-2 minutos **cada vez que una actividad esté casi terminada** y una seña visual (Ej.: un ícono de imagen que diga "un minuto").

6. Guíe físicamente (usando la menor cantidad de contacto físico necesario), a su hijo a la siguiente actividad, sin darle la oportunidad de ir al lugar equivocado. Sostener una mano funciona en la mayoría de las veces, aunque no para todos.

7. Sostenga la mano de su hijo antes de hacer la solicitud para el cambio, así disminuye su oportunidad de correr al área equivocada.

8. Utilice un conteo regresivo de rutina o conteo regresivo visual para mostrar a su hijo que una actividad está llegando a su final. Retire cada ícono u objeto de uno en uno en ocasiones variadas a fin de prepararlo(a) para el final de una actividad.

9. Tenga un tablero temático en cada área de actividad para que su hijo comunique lo que quiere y necesita. El tablero temático también debe incluir "terminado" y "limpiar", para que su hijo sea consciente de que una transición está a punto de ocurrir.

Capítulo 10

Diferencias Sensoriales

Quiero comenzar este capítulo diciendo, yo no soy una experta en materia de problemas sensoriales. Sin embargo, creo que las diferencias sensoriales en un niño pueden tener un impacto en el área de trabajo que establezca en casa y en la capacidad del niño para trabajar en ella. Los individuos con autismo a veces experimentan la información sensorial diferente a los demás. Cuando esto ocurre, estas diferencias afectan a la respuesta del niño con respecto al mundo que le rodea, su comportamiento, la forma en que aprende y la manera en que se relaciona con los demás (Kranowitz, 1998). Cuando la gente piensa en los sentidos, por lo general pensamos en los cinco sentidos, vista, olfato, gusto, tacto y oído. Cuando se habla de problemas sensoriales en niños con autismo, debemos incluir también otros dos sentidos, los cuales son el sentido vestibular y el sentido propioceptivo. El sentido vestibular le permite a su cuerpo entender dónde y cómo se está moviendo en el espacio; éste es responsable del equilibrio en una persona y del movimiento del cuello, los ojos y el cuerpo (Kranowitz, 1998). El sistema propioceptivo se refiere al sentido del cuerpo que nos habla de la conciencia corporal y de la posición del cuerpo percibida a través de nuestros músculos, articulaciones, ligamentos, tendones y tejido conectivo (Kranowitz, 1998).

Al interactuar con su hijo, algunos de ustedes pueden observar que su hijo parece reaccionar demasiado o reacciona muy poco ante alguno estímulo sensorial en una de estas dos áreas. De las cuales ambas posiblemente podrían afectar su comportamiento. Algunas veces los problemas sensoriales pueden hacer difícil que un niño se concentre o tolere un olor particular, sonido o vista. El comportamiento que pueden utilizar para evitar ese olor, sonido o vista, puede ser malinterpretado por el adulto como un desafío, cuando de hecho, puede haber un problema sensorial que ellos están tratando de evitar. Es una buena idea hablar con un Terapeuta Ocupacional para obtener asesoramiento profesional sobre problemas sensoriales. Ellos son los expertos en este ámbito. Ellos pueden darle estrategias para ayudar a calmar al niño, organizarse y centrarse en sí mismo(a) a lo largo del día. Mi objetivo es proporcionarle sólo alguna información para empezar a pensar acerca de las diferencias sensoriales. Por favor utilice esta información solamente como un paso de inicio para aprender más acerca de las diferencias sensoriales en algunas personas con autismo. En la medida que aprenda más al leer acerca de diferencias sensoriales, y hable con un Terapeuta Ocupacional, estará mejor equipado(a) para proporcionar estimulación sensorial a su hijo antes, durante y después de la actividad de trabajo.

En la siguiente página, hay un gráfico destacando algunos de los signos que le pueden indicar que su hijo está experimentando los estímulos sensoriales de manera diferente. La información es sólo una parte de los incitadores que podrían estar presentes. Cada sección enumera los incitadores en que usted puede ver si un niño se encuentra ya sea por encima o por debajo de la capacidad de reacción para aquel estimulo sensorial en particular. En el gráfico, las reacciones por encima y por debajo de lo sensible no están separadas. Esta información será útil para conocer en que estímulo sensorial su hijo parece gustar, disfrutar ó necesitar y que estímulo evita su hijo o no le gusta.

La información en esta tabla fue obtenida del libro The Out of Sync Child (El Niño Fuera de Sincronización) por Carol Stock Kranowitz (1998). Este libro es altamente recomendado.

Área Sensorial	Posibles Incitadores
Tacto	<ul><li>Temeroso, ansioso o agresivo cuando se le toca ligera o inesperadamente.</li><li>Se pone miedoso(a) cuando es tocado(a) por detrás o por alguien o algo que ellos no pueden ver.</li><li>Evita o no le gusta jugar con arena, lodo, agua, pegante, espuma, etc.</li><li>No vestirá ropas de ciertas texturas.</li><li>Comensal exigente.</li><li>Busca tocar, parece que necesita tocar todo y a todos.</li><li>No es consciente al ser tocado o tropezado.</li><li>Se pone objetos en su boca frecuentemente.</li></ul>
Visión	<ul><li>Se distrae fácilmente con estímulos visuales de la habitación (Ej.: Movimientos, decoraciones).</li><li>No realiza contacto visual o lo hace muy limitadamente.</li><li>Nota detalles o patrones pero no la imagen más grande.</li><li>Dificultad al encontrar diferencias entre imágenes, palabras, símbolos u objetos.</li></ul>
Oído	<ul><li>Se distrae con sonidos que generalmente no afectan a otros (Ej.: Zumbido de luces o refrigeradores, ventiladores o relojes).</li><li>Se asusta con sonidos fuertes o inesperados.</li><li>Puede poner sus manos sobre sus orejas.</li><li>No responde cuando se le llama por el nombre.</li><li>Escucha el TV o la música excesivamente fuerte.</li></ul>
Olfato	<ul><li>Respuesta inusual a olores que no molestan a otros.</li><li>Puede no comer ciertos alimentos debido a su olor.</li><li>Se irrita con aromas fuertes.</li><li>Dificultad al discriminar olores desagradables.</li><li>No presta atención a olores desagradables.</li></ul>
Gusto	<ul><li>Comensal exigente.</li><li>Prefiere comer alimentos calientes o fríos.</li><li>Se pone objetos en la boca frecuentemente.</li><li>Babea mucho.</li></ul>

Propioceptivo	• Le gusta las actividades de saltar y estrellarse. • Le gusta estar envuelto apretadamente en mantas pesadas. • Puede golpear, chocar o empujar a otros con frecuencia. • Usa muy poca o mucha fuerza con objetos. • Dificultad para agarrarse si se cayera.
Vestibular	• Evita aparatos de juegos móviles. • Miedo al tener los pies separados del suelo. • No le gusta el movimiento rápido o de rotación. • Se mueve constantemente. • Podría girar por horas y no pareciera estar mareado(a). • Busca movimientos rápidos, giratorios e intensos.

Capítulo 12

Recursos

Espero que la información en este libro le haya sido útil en sus esfuerzos para preparar o mejorar su área de trabajo en casa. Esta información estuvo destinada a ser tan sólo un punto de partida para usted. Le animo a continuar con sus esfuerzos en la enseñanza de estrategias a través de la lectura, la utilización de los materiales gratis para entrenamiento de AustismClassroom.com, y a través de lo que aprenda de su hijo.

Para su comodidad, los materiales gratis para enseñanza, tales como formatos en blanco de calendarios, tablas de tema, horarios para tareas, secuencia de rutinas, hojas de datos, cuadros de colores, cuadros de números, días de la semana, mese del año, y otros apoyos visuales, están disponibles en línea en el sitio web www.autismclassroom.com. AutismClassroom.com también tiene un tablero de mensaje interactivo para padres, una página de recursos sensoriales y una página dedicada a explorar inquietudes dietarías en niños con autismo. Para educadores, asistentes y administradores educativos, AutismClasssroom.com ofrece otros dos libros como recursos: Como Preparar un Aula para Estudiantes con Autismo y Evaluaciones del Comportamiento Funcional y Planes para la Intervención de la Conducta. Para obtener más información acerca de los libros y los recursos, visite www.autismclassroom.com.

Referencias

Los siguientes libros y sitios web han sido útiles en la creación de este libro, ellos se enuncian a continuación:

Bondy, Andy & Frost, Lori (2002). A Picture's Worth: Pecs and Other Visual Communication Strategies in Autism. Woodbine House.

Browder, Diane M. (2001). Curriculum and Assessment for Students with Moderate and Severe Disabilities. Guilford Press.

Bruce, Stephen & Gurdin, Lisa Selznick & Savage, Ron (2006). Strategies for Managing Challenging Behaviors of Students with Brain Injuries. Lash and Associates Publishing.

Hodgdon, Linda (2001). Solving Behavior Problems in Autism: Improving Communication with Visual Strategies. Quirk Roberts Publishing.

Hodgdon, Linda (1995). Visual Strategies for Improving Communication: Practical Supports for School and Home. QuirkRoberts Publishing.

Ingenmey, R., & Van Houten, R. (1991). Using time delay to promote spontaneous speech in an autistic child. Journal of Applied Behavior Analysis, 24, 591-596.

Linton, S. B. (2009). How to Set Up a Classroom for Students with Autism. AutismClassroom.com

Maurice, Green and Luce (1996). Behavioral Intervention for Young Children with Autism. Pro-Ed.

McClannahan, Lynn & Krantz, Patricia (1999). Activity Schedules for Children with Autism: Teaching Independent Behavior. Woodbine House.

Miltenbereger, Raymond G. (1997). Behavior Modification: Principles and Procedures. Wadsworth.

Moyes, Rebecca (2002). Addressing Challenging Behaviors in High Functioning Autism and Asperger's Syndrome. London: Jessica Kingsley Publishers Ltd.

Noonan, M. J., & McCormick, L. (1993). Early intervention in natural environments: methods and procedures. Pacific Grove, CA: Brooks/Cole.

Rogers-Warren, A., & Warren, S. F. (1980). Mands for verbalization. Behavior Modification, 4, 361-382.

Stock Kranowitz, Carol (2006). The Out-of-Sync Child: Recognizing and Coping with Sensory Processing Disorder. Penguin Group (USA).

www.autismclassroom.com
www.autismnetwork.org
www.autismusaba.de/english.html
www.Kathyandcalvin.com
www.cdc.gov
www.christinaburkaba.com
www.iancommunity.org
www.mayerjohnson.com
www.polyxo.com
www.specialed.us/autism/assist/asst10.htm
www.teacch.com
www.usevisualstrategies.com

Acerca de la Autora:

S. B. Linton ha trabajado con niños con autismo por más de diez años. Linton es también autora de los libros <u>Cómo Preparar un Aula para Estudiantes con Autismo</u> y <u>Evaluaciones de la Conducta Funcional y Planes para la Intervención de la Conducta.</u> Linton es la fundadora y administradora del sitio web AutismClassroom.com, el cual provee información acerca del autismo y materiales para padres y educadores. Actualmente ella trabaja como Asesora Especialista en Autismo y consulta con equipos escolares en asuntos relacionados con la enseñanza a estudiantes con autismo.

32182066R00041

Made in the USA
Lexington, KY
09 May 2014